Impressum
Verlag: BABADADA GmbH, Nedderfeld 112 , 22529 Hamburg
Geschäftsführer / Verlagsleitung: Harald Hof
Druck: Books on Demand GmbH, In de Tarpen 42, 22848 Norderstedt

Imprint
Publisher: BABADADA GmbH, Nedderfeld 112 , 22529 Hamburg, Germany
Managing Director / Publishing direction: Harald Hof
Print: Books on Demand GmbH, In de Tarpen 42, 22848 Norderstedt

σχολείο
ښوونځی

διαιρώ
تقسیم
186/2
πίνακας
σχολική τάξη
σχολική αυλή
د ښوونځي حویلی
δάσκαλος
ښوونکی
χαρτί
ورق
γράφω
لیکل
στυλό
قلم
γραφείο
ډیسک
χάρακας
خط کش
βιβλίο
کتاب
μαθητής
زده کونکی

σχολική τσάντα

کڅوړه

κασετίνα/ μολυβοθήκη

د پنسل بکسه

μολύβι

پنسل

ξύστρα

پنسل تراش

γόμα

ربړ

μπλοκ ζωγραφικής

د رسامی پاڼه

ζωγραφική

رسامي

πινέλο

د نقاشی برس

κουτί χρωμάτων

د نقاشی بکس

ψαλίδι

قیچي

κόλλα

سریښ

τετράδιο ασκήσεων

د تمرین کتاب

εργασία για το σπίτι

کورنی دنده

12

αριθμός

شمیر

2+2

προσθέτω

جمع

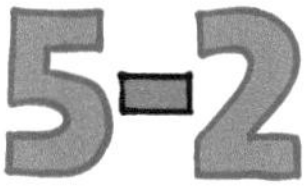

5-2

αφαιρώ

منفي

2×2

πολλαπλασιάζω

ضرب

υπολογίζω

حساب

A

γράμμα

توری

ABCDEFG
HIJKLMN
OPQRSTU
VWXYZ

αλφάβητο

الفبا

hello

λέξη

کلمه

κείμενο

متن

διαβάζω

لوستل

κιμωλία

تباشیر

μάθημα

درس

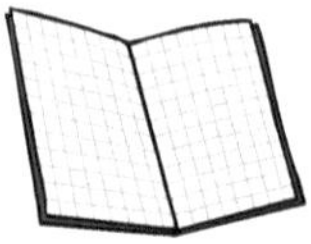

εγγράφομαι

راجستر

τεστ

از موینه

πιστοποιητικό

تصدیق پاڼه

μαθητική στολή

د ښوونځي یونیفارم

εκπαίδευση

تعلیم

εγκυκλοπαίδεια

دایره المعارف

πανεπιστήμιο

پوهنتون

μικροσκόπιο

مایکروسکوپ

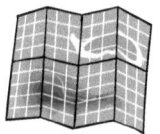

χάρτης

نقشه

καλάθι αχρήστων

اشغالدانی

ξενοδοχείο
هوتل

Grand

ξενώνας
لیلیه

ανταλλακτήρια συναλλάγματος
د اسعارو د تبادلی دفتر

EXCHANGE

ROOMS

βαλίτσα
بکس

αυτοκίνητο
موټر

γλώσσα
ژبه

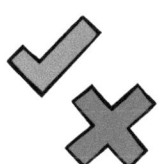

ναι / όχι
هو/نه

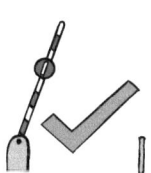

εντάξει
سمه ده

γεια σου
سلام

μεταφραστής
ژباړونکی

Ευχαριστώ
مننه

πόσο κάνει ;

....

څومره دي...؟

Δε καταλαβαίνω

....

ز ه نه پو هيږم

πρόβλημα

....

ستونزه

Καλησπέρα!

....

ماښام مو پخير!

Καλημέρα!

....

سهار په خير!

Καληνύχτα!

....

شپه په خير!

Αντίο

....

په مخه مو ښه

κατεύθυνση

....

لارښود

αποσκευές

....

سامان

τσάντα

....

بيک

σακίδιο πλάτης

....

شاتنى بکس

καλεσμένος

....

ميلمه

δωμάτιο

....

خونه

υπνόσακος

....

د خوب کڅوړه

σκηνή

....

خيمه

τουριστικές πληροφορίες

د توریزم معلومات

παραλία

ساحل

πιστωτική κάρτα

کریډیټ کارټ

πρωινό

ناری

μεσημεριανό

د غرمي خواړه

δείπνο

د شپې خواړه

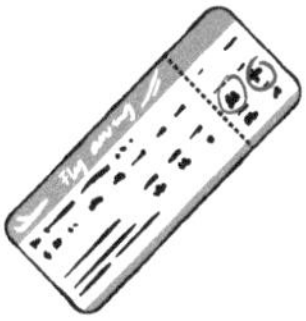

εισιτήριο

ټیکټ

ανελκυστήρας

لفټ

γραμματόσημο

مهر

σύνορα

پوله

τελωνείο

ګمرک

πρεσβεία

سفارت

βίζα

ویزه

διαβατήριο

پاسپورټ

μεταφορά

ټرانسپورټ

αεροπλάνο
الوتکه
πλοίο
πυροσβεστικό όχημα
د اور ماشين
λεωφορείο
بس
φορτηγό
ټرک
χανοκίνητο σκάφος
موټرکښ
ποδήλατο
بايک
αυτοκίνητο
موټر

φεριμπότ

کښتۍ

βάρκα

کښتۍ

μοτοσικλέτα

موټرسايکل

περιπολικό

د پوليسو موټر

αγωνιστικό αυτοκίνητο

د ريس موټر

ενοικιαζόμενο αυτοκίνητο

کرايي موټر

διαμοιρασμός αυτοκινήτων

د کرایه موټري

γερανός

جرثقیل لرونکی ټرک

απορριμματοφόρο

ریفیوز ټرک

κινητήρας

موټر

καύσιμο

سونګ توکي

βενζινάδικο

پټرول سټیشن

πινακίδα σήμανσης

ترافیکي نښه

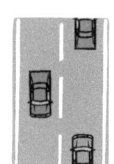

κυκλοφορία

ترافیک

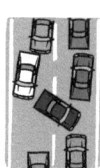

κυκλοφοριακή συμφόρηση

جام ترافیک

χώρος στάθμευσης

د موټرو تمځای

σιδηροδρομικός σταθμός

د ریل سټیشن

σιδηροδρομικές γραμμές

پاټکي

τρένο

ریل

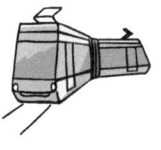

τραμ

ټرام

βαγόνι

واګون

ελικόπτερο
چورلکه

αεροδρόμιο
هوايي ډګر

πύργος
برج

επιβάτης
مسافر

εμπορευματοκιβώτιο
کانټینر

χαρτοκιβώτιο
کارتون

καρότσι
کارت

καλάθι
ټوکری

απογειώνομαι / προσγειόνομαι
الوتنه کول/کښېناستل

πόλη

ښار

χωριό
کلی

κέντρο της πόλης
د ښار مرکز

σπίτι
کور

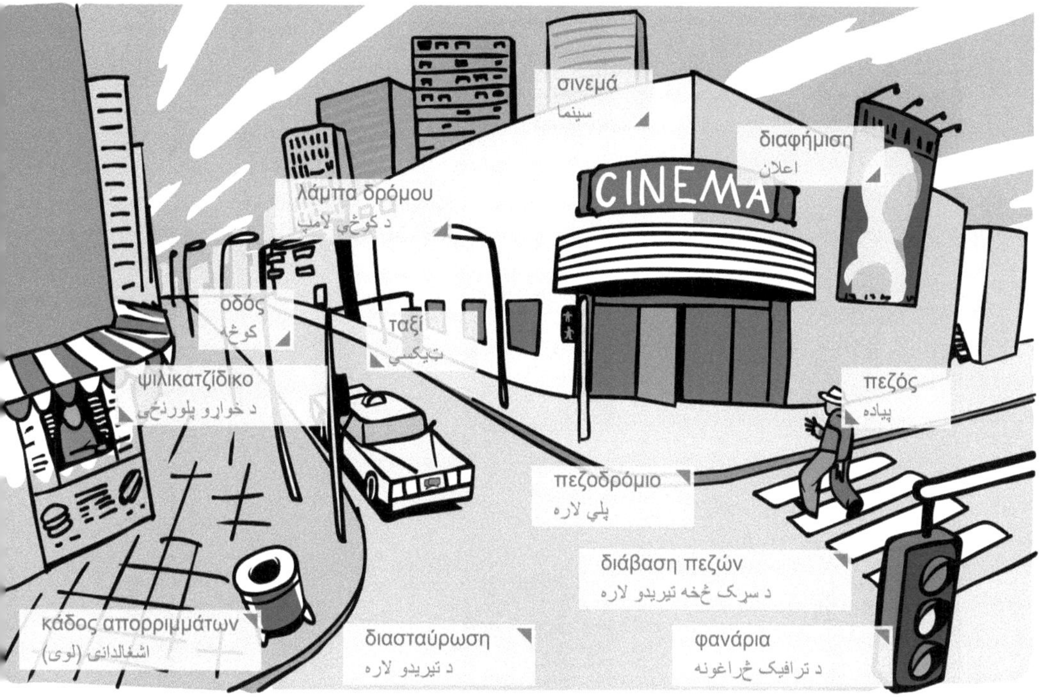

σινεμά
سینما

διαφήμιση
اعلان

λάμπα δρόμου
د کوڅی لامپ

CINEMA

οδός
کوڅه

ταξί
ټیکسی

ψιλικατζίδικο
د خوارو پلورنځی

πεζός
پیاده

πεζοδρόμιο
پلی لاره

διάβαση πεζών
د سرک څخه تیریدو لاره

κάδος απορριμμάτων
اشغالدانی (لوی)

διασταύρωση
د تیریدو لاره

φανάρια
د ترافیک څراغونه

καλύβα
کوډله

διαμέρισμα
اپارتمان

σιδηροδρομικός σταθμός
د ریل سټیشن

δημαρχείο
ټاون هال

μουσείο
میوزیم

σχολείο
ښوونځی

πανεπιστήμιο

پوهنتون

τράπεζα

بانک

νοσοκομείο

روغتون

ξενοδοχείο

هوټل

φαρμακείο

درملتون

γραφείο

دفتر

βιβλιοπωλείο

کتاب پلورنځی

κατάστημα

پلورنځی

ανθοπωλείο

د ګلانو پلورنځی

σούπερ μάρκετ

لوی پلورنځی

αγορά

مارکیټ

πολυκατάστημα

د ډیپارټمنټ سټور

ιχθυοπωλείο

کب پلورنځی

εμπορικό κέντρο

د پلور مرکز

λιμάνι

لنګرتون

πάρκο

پارک

παγκάκι

بېنچ

γέφυρα

پل

σκάλες

زینه

μετρό

د ځمکې لاندې

τούνελ

تونل

στάση λεωφορείου

بس تمځای

μπαρ

بار

εστιατόριο

ریسټورانټ

γραμματοκιβώτιο

پوسټ بکس

πινακίδα δρόμου

د کوڅې نښه

παρκόμετρο

د پارک کولو میټر

ζωολογικός κήπος

ژوبڼ

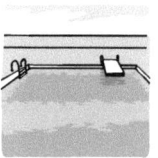

πισίνα

د لامبو حوض

τζαμί

مسجد

αγρόκτημα

کرونده

ρύπανση

ناپاکي

νεκροταφείο

هديره

εκκλησία

چرچ

παιδική χαρά

د لوبو ډګر

ναός

معبد/کلیسا

τοπίο
منظره

φύλλο
پاڼه
πινακίδα κατεύθυνσης
د لارښوونې نښه
δρόμος
لاره
λιβάδι
چمن
πέτρα
کاڼی
δέντρο
ونه
πεζοπόρος
هیکر
ποτάμι
سیند
χορτάρι
واښه
λουλούδι
ګل

κοιλάδα

دره

λόφος

غونډۍ

λίμνη

ناور

δάσος

ځنګل

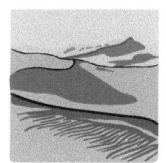

έρημος

دښته

ηφαίστειο

اورشيندی

κάστρο

کلا

ουράνιο τόξο

رنګین کمان

μανιτάρι

مرخيړي

φοίνικας

پلم ونه

κουνούπι

ماشي

μύγα

الوتل

μυρμήγκι

میږی

μέλισσα

مچۍ

αράχνη

غونډل/جولا

σκαθάρι

گـونکـت

βάτραχος

چونکـبزه

σκίουρος

نولی

σκαντζόχοιρος

زیرکی

λαγός

سوی

κουκουβάγια

گـونک

πουλί

مرغی

κύκνος

قازه

αγριογούρουνο

نرخوک

ελάφι

هوسی

άλκη

گـاوزه

φράγμα

بند

ανεμογεννήτρια

بادي توربين

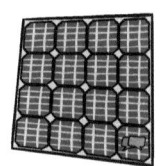

ηλιακός συλλέκτης

سولر تختي

κλίμα

اقليم

εστιατόριο

ريسټورانټ

σερβιτόρος
پېشخدمت
κατάλογος
مينو
καρέκλα
σούπα
سوپ
πίτσα
پيزا
τραπεζομάντιλο
د ميز ټوټه
μαχαιροπίρουνα
بڼاخۍ، چاقو، کاشوغه

ορεκτικό

....

سټارټر

κύριο πιάτο

....

اصلي خواړه

επιδόρπιο

....

شيريني

ποτά

....

څښاک

φαγητό

....

خواړه

μπουκάλι

....

بوتل

φαστ φουντ

فاسټ فوډ

φαγητό στ' όρθιο

د کوڅې خواړه

τσαγιέρα

چای جوش

δοχείο ζάχαρης

قندانی

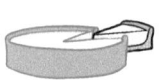

μερίδα

برخه

μηχανή εσπρέσο

اسپرسو مشین

ψηλή καρέκλα

لوړه چوکی

λογαριασμός

رسید

δίσκος

مجمه

μαχαίρι

چاکو

πιρούνι

پنجه

κουτάλι

قاشق

κουταλάκι του τσαγιού

چای قاشق

πετσέτα φαγητού

سورویټ

ποτήρι

ګلاس

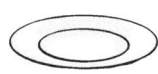

πιάτο

پلیټ

πιάτο σούπας

د سوپ پلیټ

πιατάκι φλιτζανιού

نالبکی

σάλτσα

ساس

αλατιέρα

مالګه شیندونکی

μύλος για πιπέρι

د مرچ ټکولو لوخی

ξύδι

سرکه

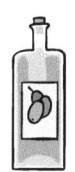

λάδι

غوړي

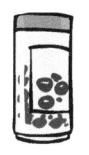

μπαχαρικά

مساله

κέτσαπ

گچ اپ

μουστάρδα

شرشم

μαγιονέζα

چکه

σούπερ μάρκετ

لوی پلورنځی

προσφορά
ځانګړی وړاندیز
πελάτης
پیرودونکی
γαλακτοκομικά προϊόντα
لبنيات
φρούτα
میوه
καρότσι για ψώνια
FOR

κρεοπωλείο

قصابي

φούρνος

نانوایی

ζυγίζω

وزن کول

λαχανικά

سبزیجات

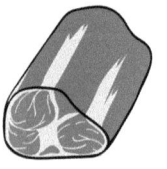

κρέας

غوښه

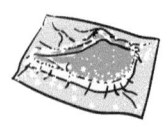

κατεψυγμένα τρόφιμα

کنګل خواره

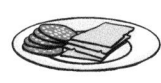

αλλαντικά

یخه غوښه

κονσερβοποιημένη τροφή

کنسروا خواړه

απορρυπαντικό ρούχων

د مینځلو پوډر

γλυκά

شیریني

οικιακά είδη

کورني تولیدات

καθαριστικά προϊόντα

د پاکولو محصولات

πωλήτρια

د پلور فرد

ταμείο

د نغدي راجستر

ταμίας

صراف

λίστα για ψώνια

د پیرود لیست

ωράριο λειτουργίας

کاري ساعتونه

πορτοφόλι

بټوه

πιστωτική κάρτα

کریډیټ کارت

τσάντα

کڅوړه

πλαστική σακούλα

پلاستیک کڅوړه

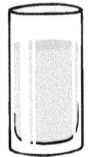

ποτά

څښاک

νερό

اوبه

χυμός

جوس

γάλα

شيده

κόκα κόλα

کوک

κρασί

واين

μπίρα

بير

αλκοόλ

الکول

κακάο

ککاو

τσάι

چای

καφές

کافي

εσπρέσο

اسپرسو

καπουτσίνο

کپچينو

φαγητό

خواڕە

μπανάνα

....

كيله

μήλο

....

مڕه

πορτοκάλι

....

نارنج

πεπόνι

....

هندواڕه

λεμόνι

....

ليمو

καρότο

....

گازره

σκόρδο

....

هوڕه

μπαμπού

....

بانكس

κρεμμύδι

....

پياز

μανιτάρι

....

مرخيري

ξηροί καρποί

....

چغزى

νουντλς

....

آش

μακαρόνια

سپيګټي

ρύζι

وريجي

σαλάτα

سلاد

πατατάκια

چپس

τηγανητές πατάτες

سره کړي کچالو

πίτσα

پيزا

χάμπουργκερ

همبرګر

σάντουιτς

سانډويچ

κοτολέτα

کتره

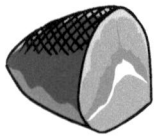

ζαμπόν

د پتون غوښه

σαλάμι

سلمي

λουκάνικο

ساسچ

κοτόπουλο

چرګ

ψητό

روسټ

ψάρι

کب

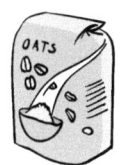

χυλός βρώμης

د وربشي شيرني

μούσλι

موسلي

κορν φλέικς

د جوار پلی

αλεύρι

اوړه

κρουασάν

کروسانت

ψωμάκι

د ډوډی رول

ψωμί

ډوډی

τοστ

ټوسټ

μπισκότα

بسکیټ

βούτυρο

کوچ

τυρόπηγμα

چکه

κέικ

کیک

αυγό

هګی

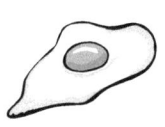

τηγανητό αυγό

پښې هګی

τυρί

پنير

παγωτό

آیس کریم

ζάχαρη

بوره

μέλι

شهد

μαρμελάδα

مربا

άλλειμμα σοκολάτας

نوگات کریم

κάρυ

کورکمان

αγρόκτημα

کرونده

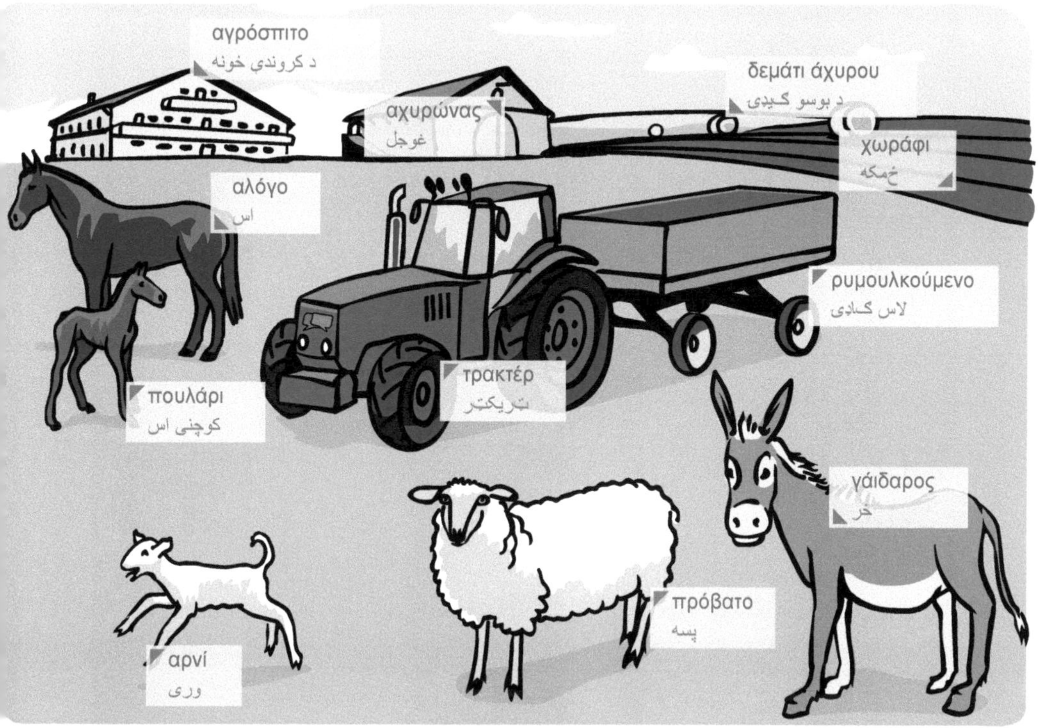
αγρόσπιτο
د کروندې خونه
δεμάτι άχυρου
د بوسو گېډۍ
αχυρώνας
غوجل
χωράφι
ځمکه
αλόγο
اس
ρυμουλκούμενο
لاس گاډی
πουλάρι
کوچنی اس
τρακτέρ
ټریکټر
γάιδαρος
خر
πρόβατο
پسه
αρνί
وری

κατσίκα

وزه

αγελάδα

غوا

μοσχαράκι

خوسکی

γουρούνι

خوګ

γουρουνάκι

د خوګ بچی

ταύρος

غویی

χήνα

بته

πάπια

هیلۍ

κοτοπουλάκι

چرګوړی

κότα

چرګه

κόκορας

بانګي

αρουραίος

سارای موږک

γάτα

پیشک

ποντίκι

موږک

βόδι

غويی

σκύλος

سپی

σπιτάκι σκύλου

د سپي خونه

λάστιχο κήπου

د باغ هوز

ποτιστήρι

د اوبو لوخی

θεριστήρι

لور (داس)

αλέτρι

یوی

δρεπάνι

لور

τσάπα

رمبی

δίκρανο

ښاخی

τσεκούρι

تبر

χειράμαξα

کراچی

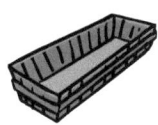

ταΐστρα

ناوه

δοχείο γάλακτος

د شیدو لوخی

σάκος

جوال

φράχτης

کټاره

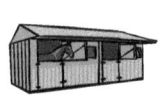

στάβλος

مضبوط

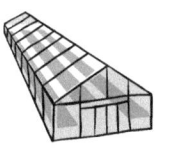

θερμοκήπιο

شنه خونه

έδαφος

خاوره

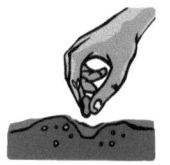

σπόρος

تخم

λίπασμα

سره/کود

θεριζοαλωνιστική μηχανή

ګډ ریبونکی ماشین

θερίζω

زيرمه کول

συγκομιδή

درمند

γιαμς

خواږه کچالو

σιτάρι

غنم

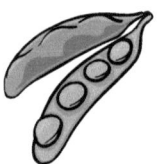

σόγια

سويا

πατάτα

کچالو

καλαμπόκι

جوار

κράμβη

نباتي تخم

οπωροφόρο δέντρο

د ميوې ونه

μανιόκα

مانيوک

δημητριακά

غله

σπίτι

کور

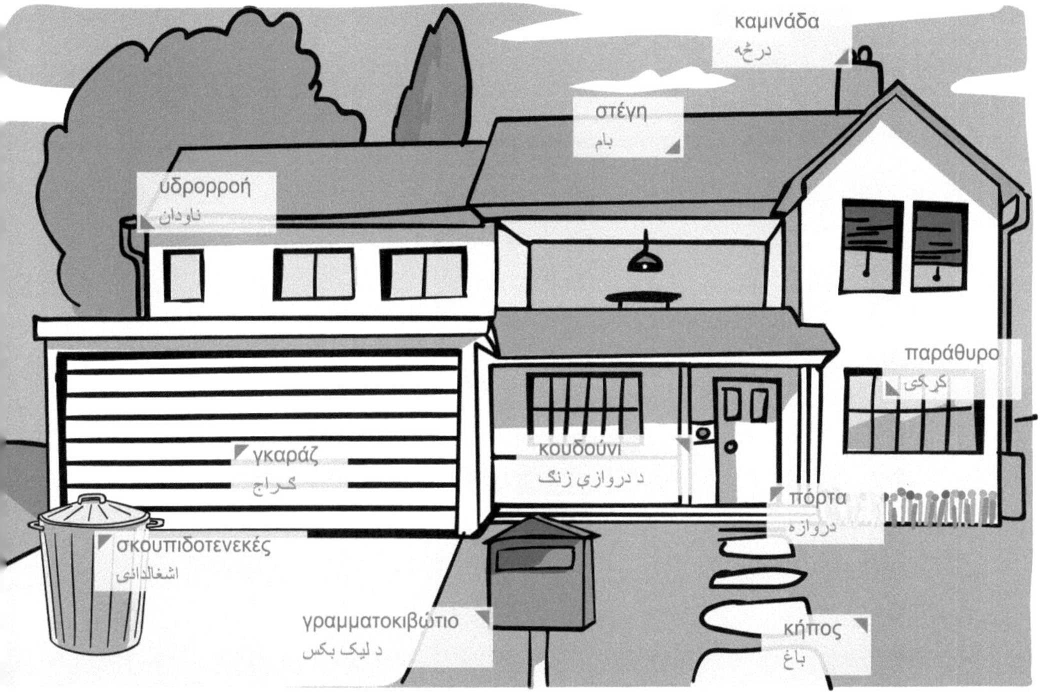

καμινάδα
درځه
στέγη
بام
υδρορροή
ناودان
παράθυρο
کړکۍ
γκαράζ
گراج
κουδούνι
د دروازې زنګ
πόρτα
دروازه
σκουπιδοτενεκές
اشغالدانی
γραμματοκιβώτιο
د لیک بکس
κήπος
باغ

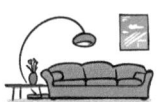

σαλόνι

د اوسیدو خونه

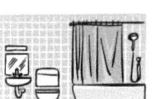

μπάνιο

حمام

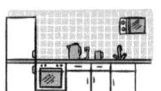

κουζίνα

پخلنځی

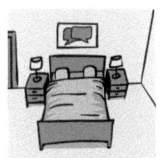

υπνοδωμάτιο

د ویده کیدو خونه

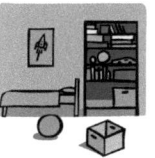

παιδικό δωμάτιο

د ماشوم خونه

τραπεζαρία

د خوړو خونه

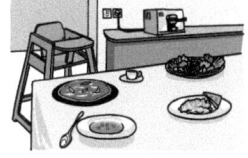

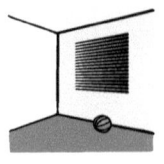

πάτωμα

فرش

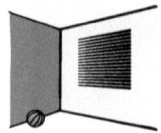

τοίχος

دیوال

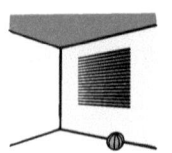

οροφή

چت

κελάρι

زیرخانه

σάουνα

سونا

μπαλκόνι

بالکوني

βεράντα

ټراس

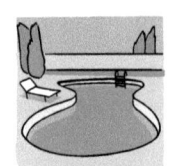

πισίνα

حوض

μηχανή του γκαζόν

د چمن وهلو ماشین

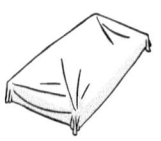

σεντόνι

شیټ

κάλυμμα κρεβατιού

روجایی

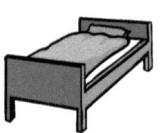

κρεβάτι

تخت

σκούπα

جارو

κουβάς

بوکه

διακόπτης

سویچ

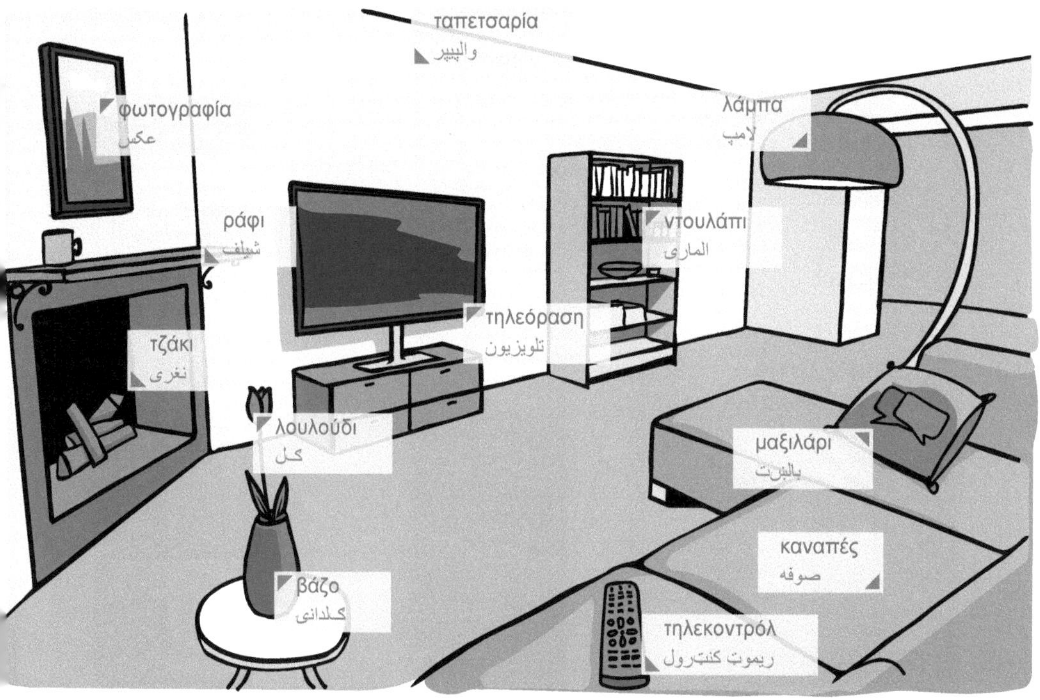

ταπετσαρία
والپیپر

φωτογραφία
عکس

λάμπα
لامپ

ράφι
شیلف

ντουλάπι
الماری

τηλεόραση
تلویزیون

τζάκι
نغری

μαξιλάρι
بالښت

λουλούδι
ګل

καναπές
صوفه

βάζο
ګلدانی

τηλεκοντρόλ
ریموت کنترول

χαλί
غالی

κουρτίνα
پرده

τραπέζι
میز

καρέκλα
چوکی

κουνιστή πολυθρόνα
تاویدونکي چوکی

πολυθρόνα
بازو لرونکي چوکی

βιβλίο

کتاب

κουβέρτα

کمپل

διακόσμηση

ډيکوريشن

καυσόξυλα

د اور لرګي

ταινία

فلم

στερεοφωνικό σύστημα

هايفاى

κλειδί

کلي

εφημερίδα

ورځپاڼه

πίνακας ζωγραφικής

نقاشي

αφίσα

پوسټر

ραδιόφωνο

راډيو

σημειωματάριο

کتابچه

ηλεκτρική σκούπα

واکيوم جارو

κάκτος

کاکتوس

κερί

شمع

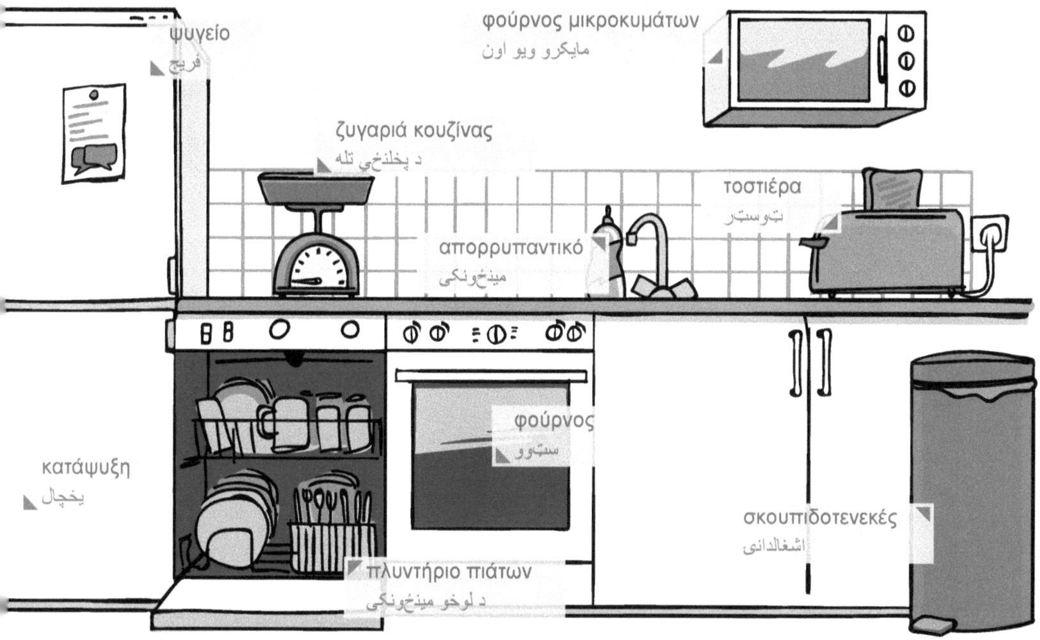

φούρνος μικροκυμάτων
مایکرو ویو اون

ψυγείο
فریج

ζυγαριά κουζίνας
د پخلنځي تله

τοστιέρα
ټوسټر

απορρυπαντικό
مینځونکی

κατάψυξη
یخچال

φούρνος
سټوو

πλυντήριο πιάτων
د لوخو مینځونکی

σκουπιδοτενεκές
اشغالدانی

κουζίνα

دیک بخار

κατσαρόλα

لوخی

μαντεμένια κατσαρόλα

چدني لوخی

γουόκ/καντάι

ووک

τηγάνι

د تلي په

βραστήρας

چای جوش

ατμομάγειρας

د بخار دیګ

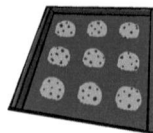

ταψί

پتنوس

πιατικά

لوخي

κούπα

مګ

μπολ

کاسه

ξυλάκια

د رانیولو اوزار

κουτάλα

څمڅۍ

σπάτουλα

کفګیر

ανακατεύω

پاکونکی

σουρωτήρι

صافي

σουρωτηράκι

غلبیل

τρίφτης

ګریټر

γουδί

اونګ

ψησταριά

بار بي کيو

ανοιχτή φωτιά

خلاص اور

σανίδα κοπής

تخته

πλάστης

هوارونکی

ανοιχτήρι φελλών

کارک سکریو

κονσέρβα

ټیم

ανοιχτήρι κονσέρβας

د ټیم خلاصونکی

γάντι φούρνου

د لوخي ټوټه

νεροχύτης

ظرف شوی

βούρτσα

برس

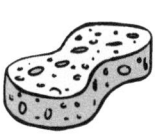

σφουγγάρι

سپنج

μπλέντερ

بلینډر

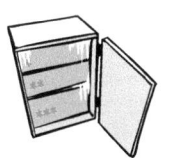

καταψύκτης

زور یخچال

μπιμπερό

د ماشوم بوتل

βρύση

نل

μπάνιο

حمام

θέρμανση
تودول
πετσέτα
جان پاک
ντους
شاور
κουρτίνα ντουζ
د شاور پرده
αφρόλουτρο
μπανιέρα
د حمام ټب
ποτήρι
πλυντήριο ρούχων
د مینځلو مشین
βρύση
نل
πλακάκια
ټایلونه
γιογιό
یو ډول کمود
νεροχύτης
ظرف شوی

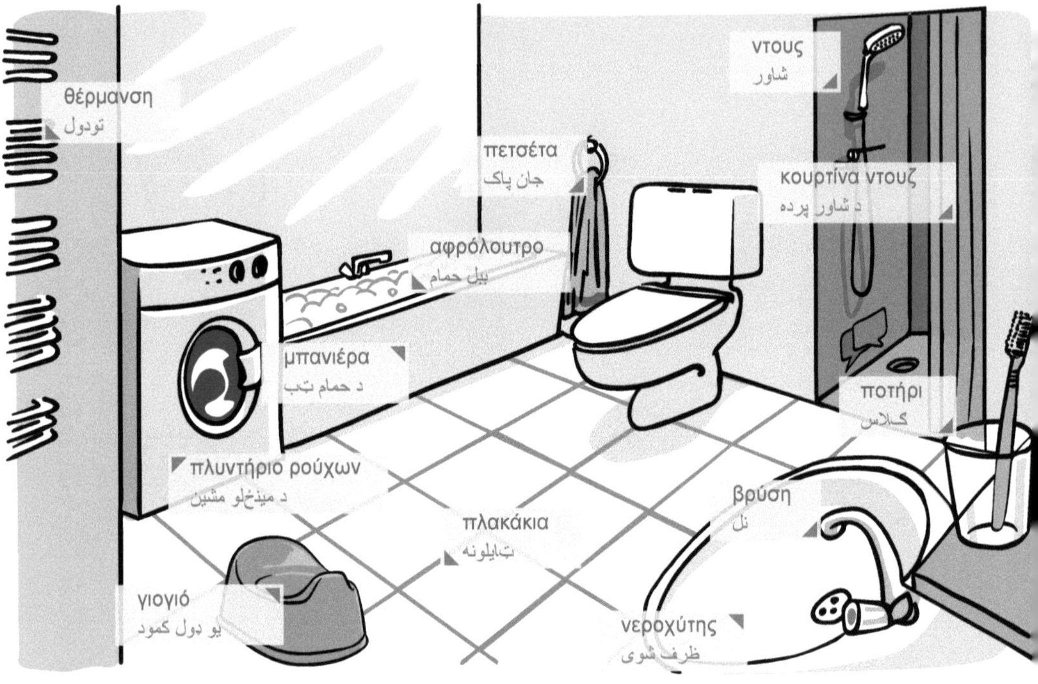

τουαλέτα

تشناب

τούρκικη τουαλέτα

فرشي کمود

μπιντές

کمود

ουρητήριο

د متیازو ځای

χαρτί υγείας

تشناب کاغذ

πιγκάλ

د تشناب برس

38 μπάνιο - حمام

οδοντόβουρτσα

د غاښونو برس

οδοντόκρεμα

د غاښونو کریم

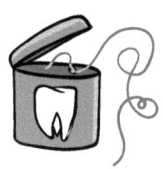

οδοντικό νήμα

د غاښونو نخ

πλένω

مینځل

τηλέφωνο ντους

لاسي شاور

ντουσιέρα

دوش

λεκάνη

خانک

βούρτσα πλάτης

د شا برس

σαπούνι

صابون

αφρόλουτρο

د شاور ژل

σαμπουάν

شامپو

φανέλα

فلانل جامه

σιφόνι

وچول

κρέμα

کریم

αποσμητικό

سپرې

καθρέφτης

....

آینه

καθρέφτης χειρός

....

لاسي آینه

ξυραφάκι

....

ریزر

αφρός ξυρίσματος

....

د خریلو فوم

αφτερσέιβ

....

د خریلو وروسته

χτένα

....

ګمنځ

βούρτσα

....

برس

σεσουάρ

....

د ویښتانو وچونکی

λακ

....

د ویښتانو سپری

μακιγιάζ

....

میک اپ

κραγιόν

....

لیپ ستیک

βερνίκι νυχιών

....

د نوکانو پالش

βαμβάκι

....

کاټن وړی

ψαλίδι νυχιών

....

ناخن ګیر

άρωμα

....

عطر

νεσεσέρ

د مېنځلو کڅوړه

σκαμπό

سټول

ζυγαριά

د وزن کولو تله

μπουρνούζι

د حمام پوښاک

ελαστικά γάντια

د ربړ دستکش

ταμπόν

ټامپون

πετσέτα υγιεινής

صحيي جان پاک

χημική τουαλέτα

کيميکل تشناب

παιδικό δωμάτιο

د ماشوم خونه

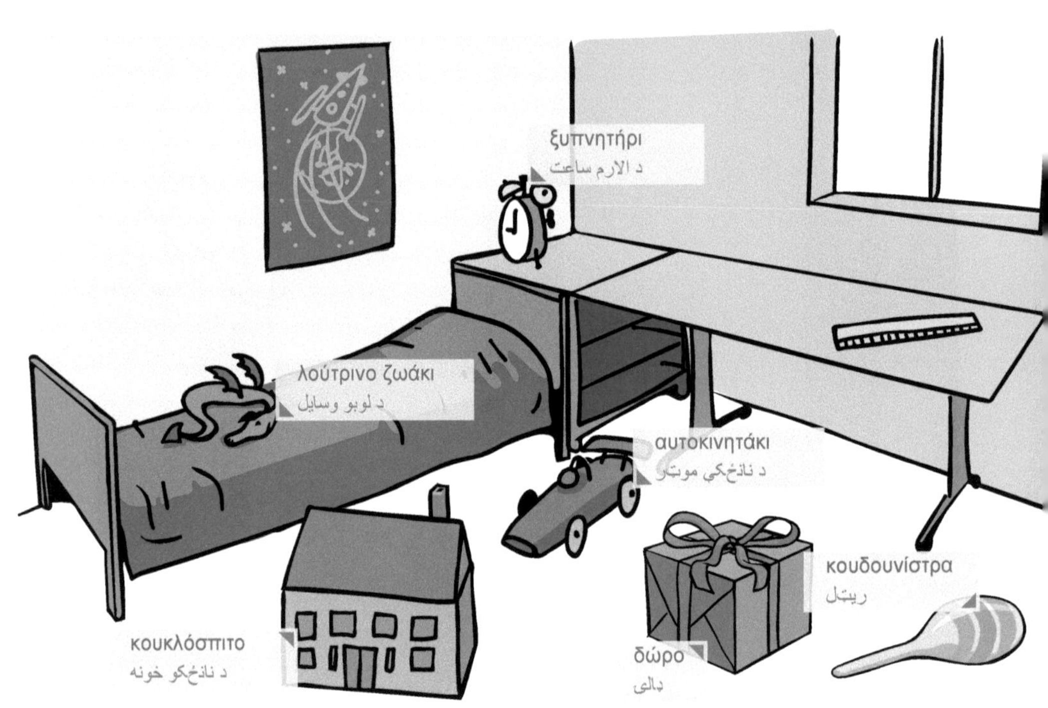

ξυπνητήρι
د الارم ساعت
λούτρινο ζωάκι
د لوبو وسایل
αυτοκινητάκι
د ناڅکي موټر
κουδουνίστρα
ریتل
κουκλόσπιτο
د ناڅکو خونه
δώρο
ډالی

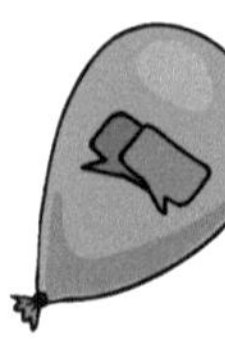

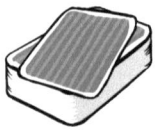

μπαλόνι

بالون

κρεβάτι

تخت

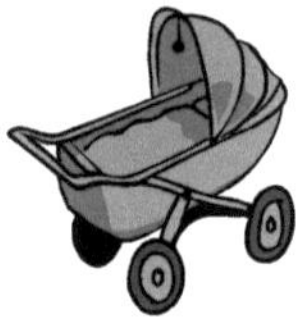

καροτσάκι

کالسکه

τράπουλα

د لوبو ورقې

παζλ

جیکسا

SUPER MEGA

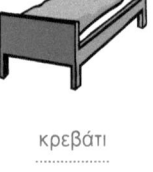

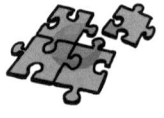

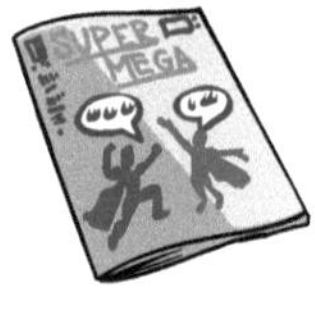

κόμικς

مسخره

τουβλάκια lego

لیګو بریک

τουβλάκια κατασκευών

د نانځکو بلاک

φιγούρα δράσης

د اکشن فیګور

βρεφικό φορμάκι

د ماشوم پوښاک

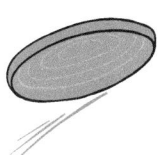

φρίσμπι

فریزبي

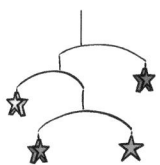

μόμπιλο

موبایل

επιτραπέζιο παιχνίδι

بورډ لوبه

ζάρια

تاس

σετ τρενάκι

ماډل ریل سیټ

πιπίλα

ګونګشی

πάρτι

پارټي

εικονογραφημένο βιβλίο

د عکسونو البوم

μπάλα

بال

κούκλα

نانځکه

παίζω

لوبیدل

σκάμμα με άμμο

....

د شګو کنده

κούνια

....

سوينګ

παιχνίδια

....

ناڅکي

κονσόλα βιντεοπαιχνιδιών

....

د ويډيو لوبو کنسول

τρίκυκλο

....

ټرای سایکل

αρκουδάκι

....

ګوډکه

ντουλάπα

....

د کالو الماری

ρούχα

پوښاک

κάλτσες

....

جرابې

καλτσοδέτες

....

لوړې جرابې

καλσόν

....

ټايټس

κασκόλ
زروکی

ομπρέλα
چترۍ

μπλουζάκι
ټي شرټ

ζώνη
کمربند

αθλητικά παπούτσια
سنیکر

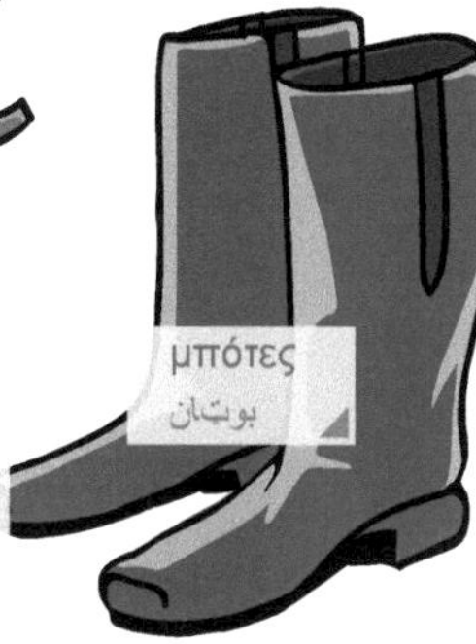
μπότες
بوټان

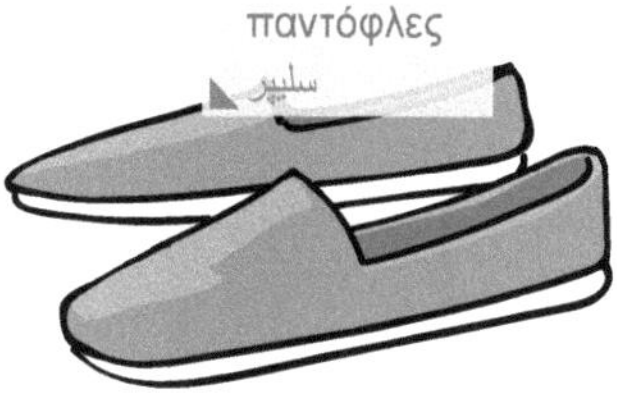
παντόφλες
سلیپر

σανδάλια

سینډل

παπούτσια

بوټان

γαλότσες

د ربړ بوټان

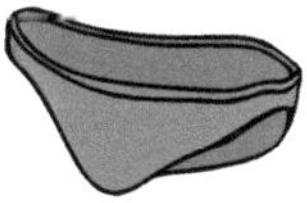

εσώρουχο

زیرنیکري

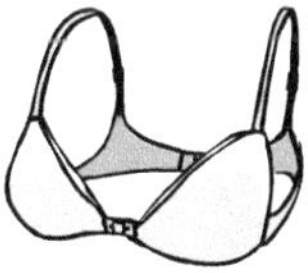

σουτιέν

سینه بند

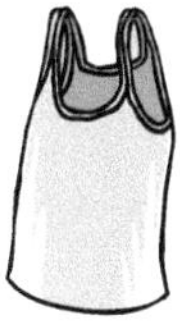

φανέλα

واسکټ

σώμα

بادي

παντελόνι

پتلون

τζιν παντελόνι

جينز

φούστα

لمن

μπλούζα

بلاوز

πουκάμισο

شرټ

πουλόβερ

بنيان

πουλόβερ

سويټر

σακάκι

بليزر

μπουφάν

جاکټ

παλτό

کوټ

αδιάβροχο πανωφόρι

د باران کوټ

κοστούμι

پوښاک

φόρεμα

کالي

νυφικό

د واده پوښاک

κοστούμι

دریشي

νυχτικό

د شپې پوښاک

πιτζάμες

پاجامه

σάρι

ساړي

μαντήλι

لوپټه

τουρμπάνι

پټکی

μπούρκα

برقه

καφτάνι

کفتن

μουσουλμανικό ένδυμα

عبا

ολόσωμο μαγιό

د لامبو پوښاک

ανδρικό μαγιό

نیکر

σορτς

شارټ

αθλητική φόρμα

د ځغاستي پوښاک

ποδιά

پیش بند

γάντια

دستکش

κουμπί

بټن

γυαλιά

عینک

βραχιόλι

لاس بند

περιδέραιο

غاړه کۍ

δαχτυλίδι

ګوتمه

σκουλαρίκι

غوږوالۍ

καπέλο

خولۍ

κρεμάστρα

کوټ بند

καπέλο

خولۍ

γραβάτα

ټایی

φερμουάρ

ځنځیر

κράνος

هیلمیټ

τιράντες

ترونکی

μαθητική στολή

د ښوونځي یونیفارم

στολή

یونیفارم

σαλιάρα

بیب

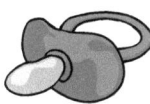

πιπίλα

ګونګشی

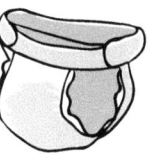

πάνα

نیپي

γραφείο
دفتر

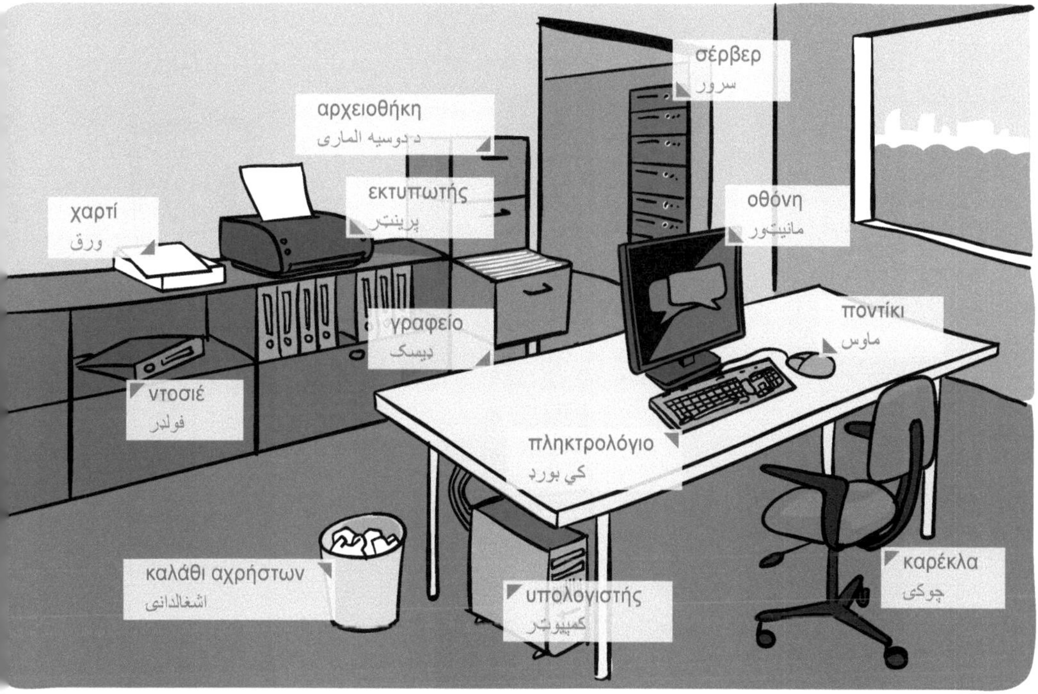

σέρβερ
سرور
αρχειοθήκη
د دوسیه الماری
εκτυπωτής
پرینټر
χαρτί
ورق
οθόνη
ποντίκι
ماوس
ντοσιέ
πληκτρολόγιο
کي بورډ
καλάθι αχρήστων
اشغالدانی
υπολογιστής
کمپیوټر
καρέκλα
چوکی

κούπα του καφέ

د کافي پیاله

κομπιουτεράκι

کالکولیټر

ίντερνετ

انټرنیټ

λάπτοπ

لپ تاپ

γράμμα

لیک

μήνυμα

پیغام

κινητό

موبایل

δίκτυο

نیتورک

φωτοτυπικό μηχάνημα

فوتوکاپیر

λογισμικό

سافتویر

τηλέφωνο

تلیفون

πρίζα

پلک ساکت

συσκευή φαξ

فکس مشین

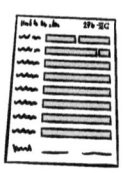

έντυπο

فارم

έγγραφο

سند

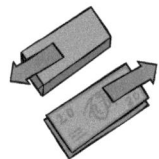

αγοράζω

پیرل

πληρώνω

تادیه کول

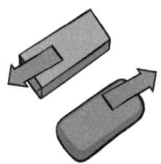

συναλλάσσομαι

سوداګري کول

χρήματα

پیسې

δολάριο

ډالر

ευρώ

یورو

γιεν

ین

ρούβλι

ربل

ελβετικό φράγκο

سویسي فرانک

ρενμίνμπι γιουάν

رینمینبي یوان

ρουπία

روپۍ

ATM (αυτόματη ταμειακή μηχανή)

د نغدي پیسو ځای

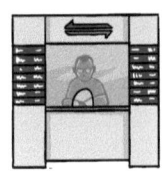

ανταλλακτήρια συναλλάγματος

د اسعارو د تبادلي دفتر

χρυσός

سره زر

ασήμι

سپین زر

πετρέλαιο

تیل

ενέργεια

انرژي

τιμή

نرخ

συμβόλαιο

قرارداد

φόρος

مالیه

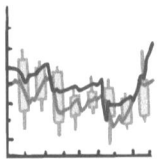

μετοχή

اسهام

δουλεύω

کار کول

υπάλληλος

کارمند

εργοδότης

کار ګومارونکی

εργοστάσιο

فابریکه

κατάστημα

پلورنځی

επαγγέλματα

مسلکونه

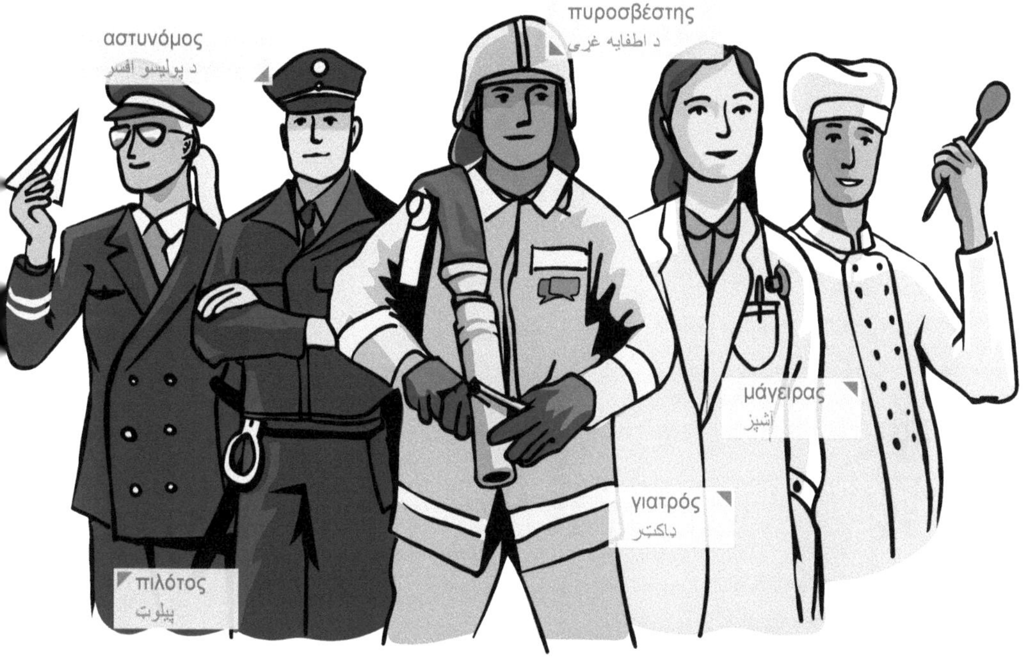

πυροσβέστης
د اطفایه غری
αστυνόμος
د پولیسو افسر
μάγειρας
آشپز
γιατρός
ډاکټر
πιλότος
پیلوټ

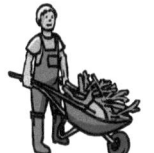

κηπουρός

باغوان

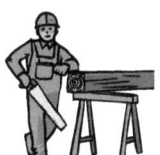

ξυλουργός

نجار

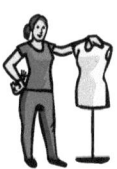

μοδίστρα

خیاط

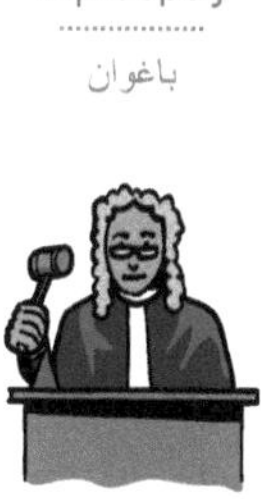

δικαστής

قاضي

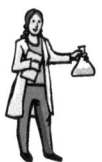

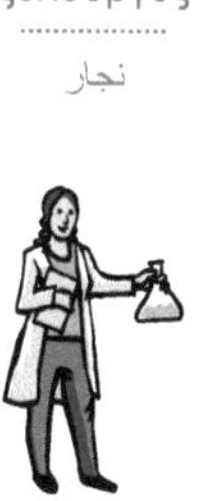

χημικός

کیمیا پوه

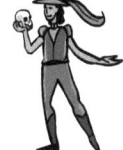

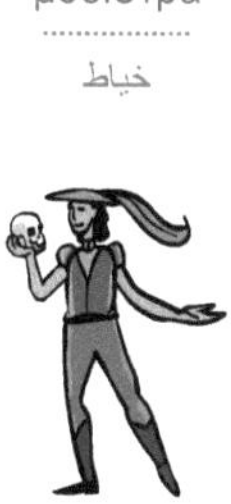

ηθοποιός

د فلم لوبغاری

οδηγός λεωφορείου
....
د بس ډرایور

ταξιτζής
....
د ټېکسي ډرایور

ψαράς
....
کب نیونکی

καθαρίστρια
....
خدمه

τεχνίτης στεγών
....
بام جوړونکی

σερβιτόρος
....
پېشخدمت

κυνηγός
....
ښکاري

ζωγράφος
....
نقاش

αρτοποιός
....
نانوا

ηλεκτρολόγος
....
د برښنا کارکونکی

οικοδόμος
....
تعمیر جوړونکی

μηχανολόγος
....
انجنیر

κρεοπώλης
....
قصاب

υδραυλικός
....
نلدوان

ταχυδρόμος
....
پوست رسونکی

στρατιώτης

سرتيری

αρχιτέκτονας

مهندس

ταμίας

صراف

ανθοπώλης

ماليار

κομμωτής

نايی

ελεγκτής εισιτηρίων

کلينډر

μηχανικός

ميکانيک

καπετάνιος

کپتان

οδοντίατρος

د غاښونو ډاکټر

επιστήμονας

ساينس پوه

ραβίνος

ښاغلی

ιμάμης

امام

μοναχός

مذهبي نفر

ιερέας

پادري

εργαλεία
لوازم

σφυρί
څټکی
πένσα
پلاس
κατσαβίδι
پیچکش
Γαλλικό κλειδί
رینچ
φακός
څراغ

εκσκαφέας

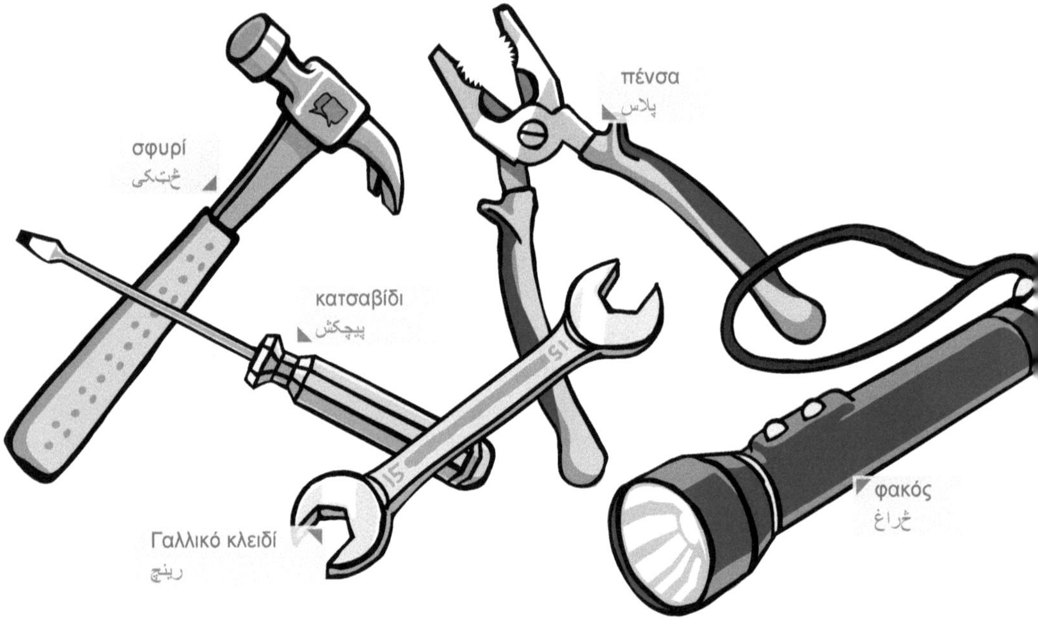

کنستونکی

εργαλειοθήκη

د لوازمو بکس

σκάλα

زینه

πριόνι

اره

καρφιά

میخونه

τρυπάνι

برمه

επισκευάζω

ترميم کول

φτυάρι

بيل

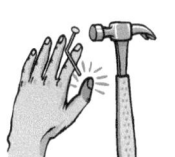

Να πάρει!

لعنت!

φαράσι

خاک انداز

δοχείο χρωμάτων

مشوانئ

βίδες

پیچونه

μουσικά όργανα

د میوزیک آلات

μεγάφωνο
لاوډ سپیکر

ντραμς
درم سیټ

κοντραμπάσο
کنټرباس

τρομπέτα
ترومپیټ

κιθάρα
ګیتار

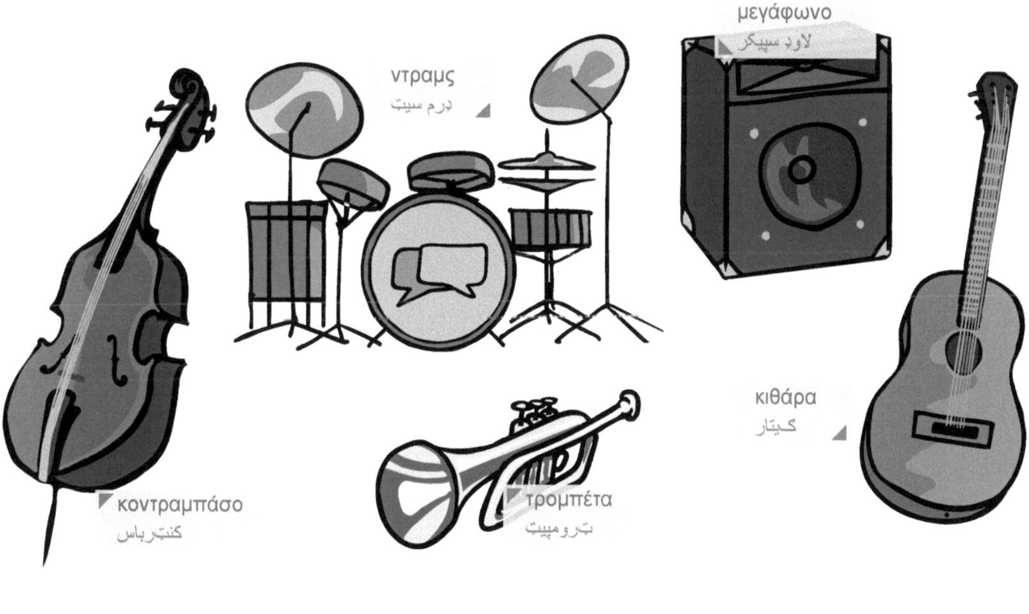

πιάνο

....

پیانو

βιολί

....

وایلن

μπάσο

....

باس

τύμπανα

....

نغاره

τύμπανο

....

ډرمونه

πλήκτρα

....

کي بورډ

σαξόφωνο

....

سیکسافون

φλάουτο

....

شپیلۍ

μικρόφωνο

....

مایکروفون

ζωολογικός κήπος

ژوبڼ

τίγρης
κλουβί
پنجره
ζέβρα
ګوره خر
ζωοτροφή
είσοδος
ننوتو لاره
πάντα

ζώα
ژوی

ελέφαντας
هاتي

καγκουρό
کنګرو

ρινόκερος
د اوبو اسپ

γορίλας
ګوریلا

αρκούδα
ایږه

καμήλα

اوښ

στρουθοκάμηλος

شترمرغ

λιοντάρι

زمری

πίθηκος

بیزو

φλαμίνγκο

غزی

παπαγάλος

طوطي

πολική αρκούδα

قطبي ایږه

πιγκουίνος

پینګوین

καρχαρίας

شارک

παγώνι

طاوس

φίδι

مار

κροκόδειλος

تمساح

φύλακας ζωολογικού κήπου

ژوبڼ ساتونکی

φώκια

سیل

τζάγκουαρ

جګوار

πόνυ

یابو

λεοπάρδαλη

پړانګ

ιπποπόταμος

هیپو

καμηλοπάρδαλη

زرافه

αετός

باز

αγριογούρουνο

نرخوګ

ψάρι

کب

χελώνα

شمشتی

θαλάσσιος ίππος

سمندري نولی

αλεπού

ګیدړه

γαζέλα

هوسۍ

Αμερικάνικο ποδόσφαιρο
امریکایی فټبال
ποδηλασία
سایکل ځغلول
αντισφαίριση
μπάσκετ
باسکیټبال
κολύμβηση
لامبو
πυγχαμία
باکسینګ
χόκεϋ επί πάγου
د کنګل هاکي

ποδόσφαιρο

فټبال

μπάντμιντον

کسیزه

στίβος

د ځغاستي لوبي

χάντμπολ

د هندبال

σκι

سکي

πόλο

پولو

πηδάω
تو پ وهل

αγκαλιάζω
غاړه ورکول

γελάω
خندل

περπατάω
ګرخيدل

τραγουδάω
سندري ویل

ονειρεύομαι
خوب لیدل

προσεύχομαι
عبادت کول

φιλάω
مچ و کول

γράφω
لیکل

σχεδιάζω
کښل

δείχνω
ښودل

πιέζω
ټیله کول

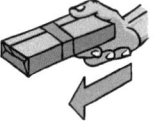

δίνω
ورکول

παίρνω
اخيستل

έχω
درلودل

κάνω
کول

είμαι
پایيدل

στέκομαι
ودریدل

τρέχω
منډې وهل

τραβάω
راکښل

ρίχνω
ګوزارل

πέφτω
لويدل

ξαπλώνω
ځملاستل

περιμένω
انتظار کول

κουβαλώ
وړل

κάθομαι
کښيناستل

φοράω
پوښاک اغوستل

κοιμάμαι
ویده کيدل

ξυπνάω
پاڅيدل

κοιτάω

کتل

κλαίω

ژړل

χαϊδεύω

برید کول

χτενίζω

کمنځ کول

μιλάω

خبري کول

καταλαβαίνω

پوهیدل

ρωτάω

غوښتل

ακούω

اوریدل

πίνω

څښل

τρώω

خوړل

συγυρίζω

پاکول

αγαπάω

مینه کول

μαγειρεύω

پخلی کول

οδηγώ

موټر چلول

πετάω

الوتل

κάνω ιστιοπλοΐα
....
بېړۍ چلول

υπολογίζω
....
حساب

διαβάζω
....
لوستل

μαθαίνω
....
زده کول

δουλεύω
....
کار کول

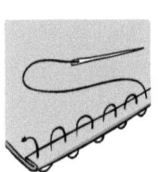

παντρεύομαι
....
واده کول

ράβω
....
ګنډل

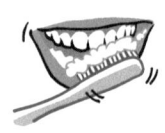

βουρτσίζω τα δόντια
....
د غاښونو برس کول

σκοτώνω
....
وژل

καπνίζω
....
سګرټ څښل

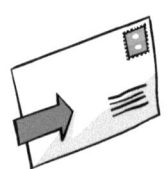

στέλνω
....
لېږل

οικογένεια
کورنۍ

γιαγιά
نیا
παππούς
نیکه
πατέρας
μητέρα
مور
μωρό
ماشوم
κόρη
لور
γιος
زوی

καλεσμένος

میلمه

θεία

ترور

θείος

کاکا/ماما

αδελφός

ورور

αδελφή

خور

σώμα

بدن

μέτωπο
تندی
μάτι
πρόσωπο
مخ
πιγούνι
زنه
στήθος
سینه
δάχτυλο
ګوته
χέρι
لاس
βραχίονας
ώμος
اوږه
πόδι
پښه

μωρό

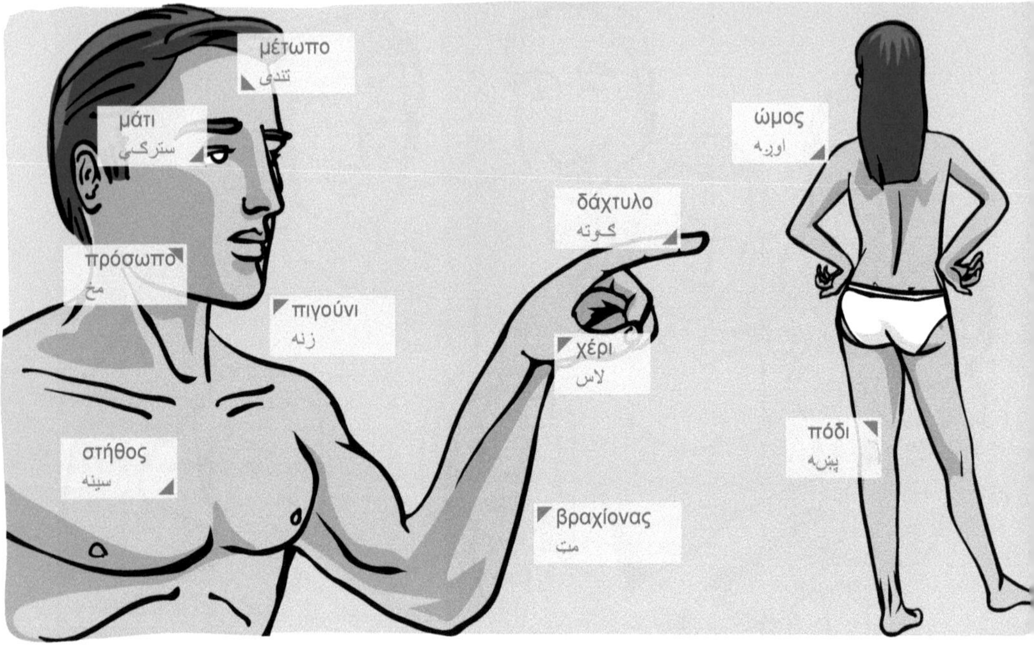

ماشوم

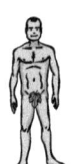

άνδρας

سړی

γυναίκα

ښځه

κορίτσι

انجلۍ

αγόρι

هلک

κεφάλι

سر

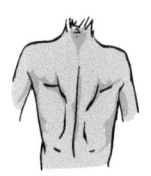

πλάτη

شا

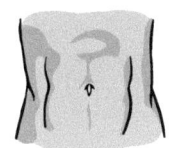

κοιλιά

خېټه

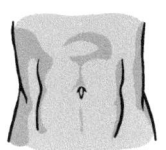

αφαλός

نوم

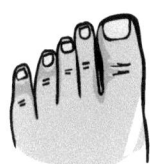

δάχτυλο ποδιού

د پښې ګوته

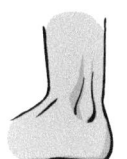

φτέρνα

پونده

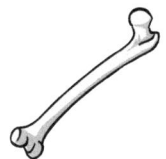

κόκκαλο

هډوکی

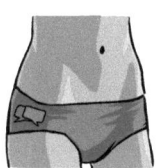

γοφός

کوناټی

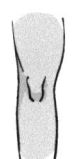

γόνατο

زنګون

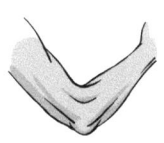

αγκώνας

څنګل

μύτη

پوزه

γλουτός

لاندې برخه

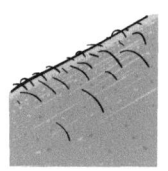

δέρμα

پوټکی

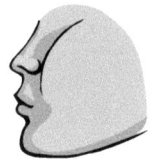

μάγουλο

غومبوری

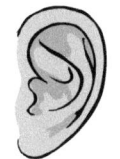

αυτί

غوږ

χείλος

شونډه

σώμα - بدن 69

στόμα

خوله

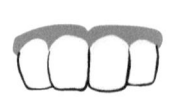

δόντι

غابش

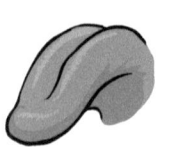

γλώσσα

ژبه

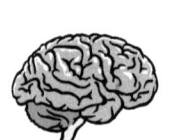

εγκέφαλος

مغز

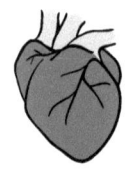

καρδιά

زړه

μυς

عضله

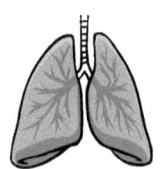

πνεύμονας

سېرى

συκώτι

خېکر

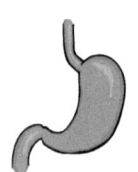

στομάχι

معده

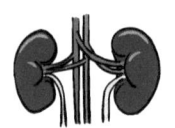

νεφρά

پښتورګي

σεξουαλική επαφή

جنسي نږدى والى

προφυλακτικό

كاندوم

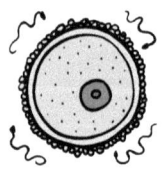

ωάριο

تخمه

σπέρμα

مني

εγκυμοσύνη

حمل

x

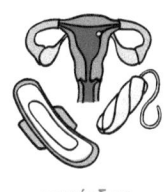

περίοδος

حيض

γυναικείος κόλπος

مهبل

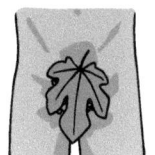

πέος

د نارينه تناسلي آله

φρύδι

وروځی

μαλλιά

ويښته

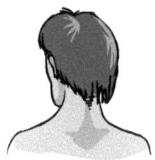

λαιμός

غاړه

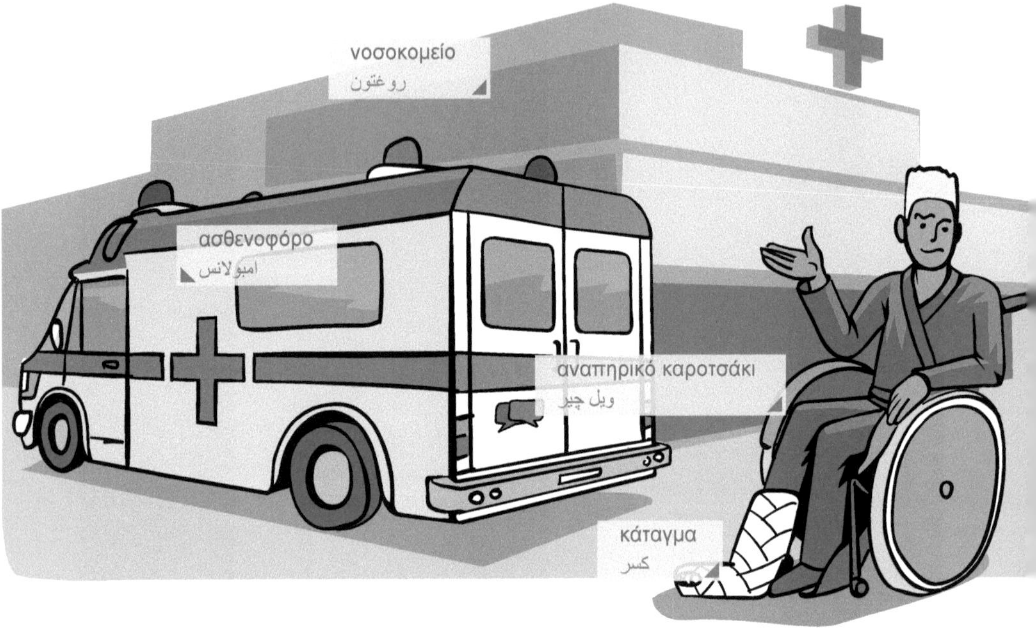

νοσοκομείο

روغتون

ασθενοφόρο
امبولانس
αναπηρικό καροτσάκι
ويل چير
κάταγμα
کسر

γιατρός

ډاکټر

μονάδα εντατικής θεραπείας

عاجل خونه

νοσοκόμα

رنځورپال

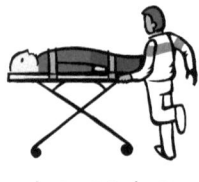

έκτακτη ανάγκη

عاجل

λιπόθυμος

بې هوش

πόνος

درد

τραύμα

ټپ

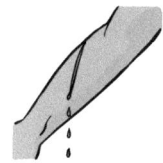

αιμορραγία

وینه تویدل

έμφραγμα

د زړه حمله

εγκεφαλικό

ضرب

αλλεργία

حساسیت

βήχας

ټوخی

πυρετός

تبه

γρίπη

انفلوینزا

διάρροια

نس ناستی

πονοκέφαλος

سر درد

καρκίνος

سرطان

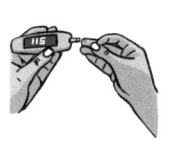

διαβήτης

شکر

χειρουργός

جراح

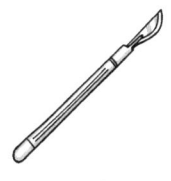

νυστέρι

سکالپل

εγχείρηση

عملیات

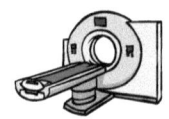

αξονική τομογραφία

سي.ټي

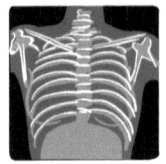

ακτινογραφία

ایکس رې

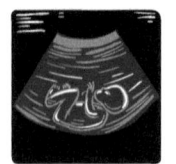

υπέρηχος

الټراساونډ

μάσκα

د مخ ماسک

ασθένεια

ناروغي

αίθουσα αναμονής

انتظار خونه

πατερίτσα

امساً

χάνσαπλαστ

پلستر

επίδεσμος

بنداژ

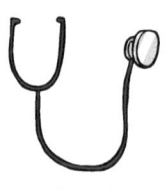

ένεση

تزریق

στηθοσκόπιο

ستاتسکوپ

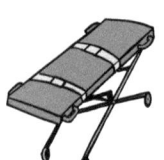

φορείο

تسکیره

θερμόμετρο

کلینکي ترماميټر

γέννηση

زېږون

υπέρβαρο

زیات وزن

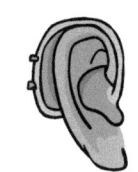

ακουστικό βαρηκοΐας

د اوریدو مرسته

αντισηπτικό

د عفونیت ضد پاکونکي مواد

λοίμωξη

عفونیت

ιός

ویروس

HIV/AIDS

ایچ.آی.وي/ایډز

φάρμακο

درمل

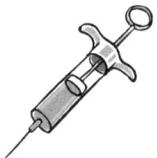

εμβολιασμός

واکسین

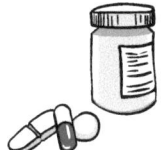

δισκία

ټابلیټس

χάπι

ګولۍ

κλήση έκτακτης ανάγκης

عاجل تلیفون

πιεσόμετρο αίματος

د وینې د فشار څارونکی

άρρωστος / υγιής

ناروغ/روغ

έκτακτη ανάγκη

عاجل

Βοήθεια!

مرسته!

συναγερμός

الارم

βιαιοπραγία

یرغل

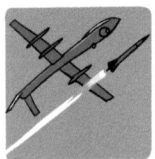

επίθεση

برید

κίνδυνος

خطر

έξοδος κινδύνου

عاجل لاره

Φωτιά!

اور!

πυροσβεστήρας

د اور وژونکی

ατύχημα

پیښه

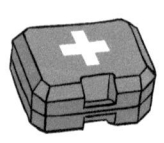

κουτί πρώτων βοηθειών

د لومړی مرستې لوازم

SOS

ایس.او.ایس

αστυνομία

پولیس

Ευρώπη
....
اروپا

Βόρεια Αμερική
....
شمالي امريكا

Νότια Αμερική
....
سهيلي امريكا

Αφρική
....
افريقا

Ασία
....
آسيا

Αυστραλία
....
آستريليا

Ατλαντικός Ωκεανός
....
اتلانتيک

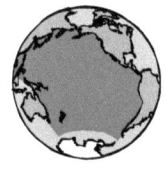

Ειρηνικός Ωκεανός
....
پاسيفيک

Ινδικός Ωκεανός
....
د هند بحر

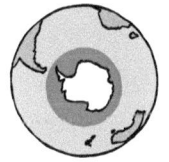

Ανταρκτικός Ωκεανός
....
جنوبي منجمد بحر

Αρκτικός Ωκεανός
....
د شمال قطب بحر

Βόρειος Πόλος
....
شمالي قطب

Νότιος Πόλος

سهيلي قطب

Ανταρκτική

انټارکټيکا

Γη

ځمکه

γη

ځمکه

θάλασσα

بحر

νησί

ټاپو

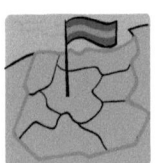

έθνος

ملت

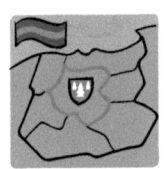

πολιτεία

دولت

ροΛόι

ساعت

καντράν ρολογιού

د مخي ساعت

ωροδείκτης

د ساعت ستنه

λεπτοδείκτης

د دقيقي ستنه

δείκτης δευτερολέπτων

د ثانيی ستنه

Τι ώρα είναι;

څه وخت دی؟

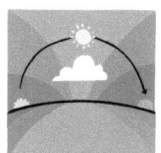

ημέρα

ورځ

χρόνος

وخت

τώρα

اوس

ψηφιακό ρολόι

ډيجيټل ساعت

λεπτό

دقيقه

ώρα

ساعت

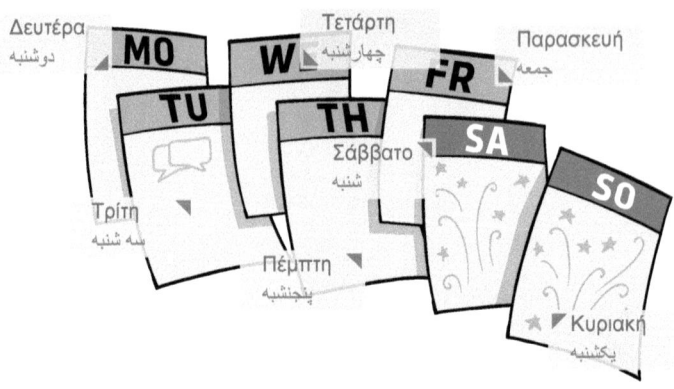

εβδομάδα

اونۍ

Δευτέρα
دوشنبه
MO
Τρίτη
سه شنبه
TU
Τετάρτη
چهارشنبه
W
Πέμπτη
پنجشنبه
TH
Παρασκευή
جمعه
FR
Σάββατο
شنبه
SA
Κυριακή
یکشنبه
SO

χθες
پرون

σήμερα
نن

αύριο
سبا

πρωί
سهار

μεσημέρι
غرمه

βράδυ
ماښام

εργάσιμες ημέρες
کاري ورځې

Σαββατοκύριακο
د اونۍ پای

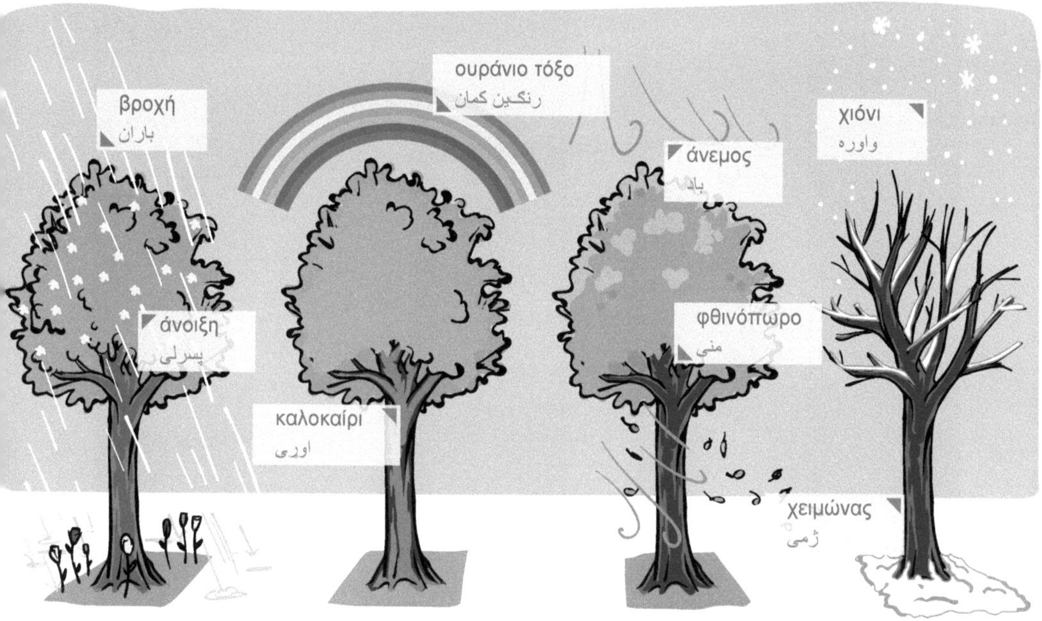

βροχή
باران
ουράνιο τόξο
رنګين کمان
χιόνι
واوره
άνεμος
باد
άνοιξη
پسرلی
φθινόπωρο
مني
καλοκαίρι
اوړی
χειμώνας
ژمی

4.APRIL 11°
5.APRIL 4°
6.APRIL 13°
7.APRIL 8°
8.APRIL 10°

πρόγνωση καιρού

د موسم وړاندوينه

F C
120 40
90 30
60 20
30 10
0 0
-30 -10
-20

θερμόμετρο

ترمومیټر

λιακάδα

د لمر وړانګې

σύννεφο

وريځ

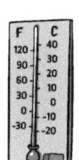

ομίχλη

لړه

υγρασία

رطوبت

αστραπή

رنړا

κεραυνός

تندر

καταιγίδα

توفان

χαλάζι

ږلی وریدل

μουσώνας

مون سون باران

πλημμύρα

سیلاب

πάγος

یخ

Ιανουάριος

جنوري

Φεβρουάριος

فبروري

Μάρτιος

مارچ

Απρίλιος

اپریل

Μάιος

مئ

Ιούνιος

جون

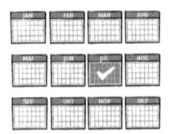

Ιούλιος

جولای

Αύγουστος

اګست

έτος - کال

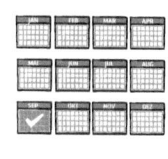

Σεπτέμβριος

سپتمبر

Οκτώβριος

اکتوبر

Νοέμβριος

نومبر

Δεκέμβριος

دسمبر

σχήματα
شكلونه

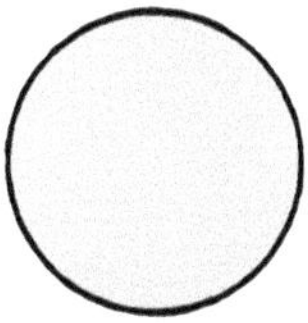

κύκλος

دايره

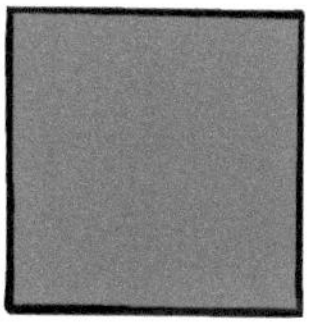

τετράγωνο

مربع

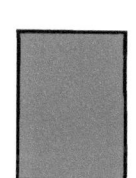

ορθογώνιο
παραλληλόγραμμο
مستطيل

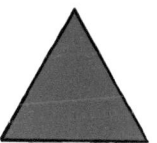

τρίγωνο

مثلث

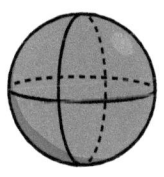

σφαίρα

توپ

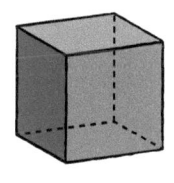

κύβος

فال

χρώματα
رنګونه

άσπρο

سپین

κίτρινο

ژیړ

πορτοκαλί

نارنجي

ροζ

ګلابي

κόκκινο

سور

μωβ

ارغواني

μπλε

نیلي

πράσινο

شین

καφέ

نسواري

γκρι

خړ

μαύρο

تور

αντίθετα

متضاد

πολύ / λίγο

خورا ډیر/خورا لږ

θυμωμένος / ήρεμος

قار/ارام

όμορφος / άσχημος

ښکلی/بدشکله

αρχή / τέλος

پیل/پای

μεγάλος / μικρός

لوی/کوچنی

φωτεινός / σκοτεινός

روښانه/تیاره

αδελφός / αδελφή

ورور/خور

καθαρός / λερωμένος

پاک/ککړ

πλήρης / ατελής

مکمل/نامکمل

ημέρα / νύχτα

ورځ/شپه

νεκρός / ζωντανός

مړ/ژوندی

φαρδύς / στενός

پراخه/نری

βρώσιμος / μη βρώσιμος

د خوراک وړ/نه خوړل کیدونکی

κακός / ευγενικός

بد/مهربان

ενθουσιασμένος / βαριεστημένος

پاریدلی/بي خونده

παχύς / λεπτός

چاق/وچ

πρώτος / τελευταίος

لومړی/وروستی

φίλος / εχθρός

ملګری/دښمن

γεμάτος / άδειος

ډک/تش

σκληρός / μαλακός

سخت/نرم

βαρύς / ελαφρύς

درونډ/سپک

πείνα / δίψα

لوږه/تنده

άρρωστος / υγιής

ناروغ/روغ

παράνομος / νόμιμος

غیرقانوني/قانوني

έξυπνος / χαζός

هوښیار/ساده

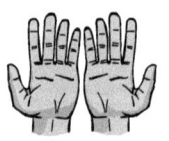

αριστερός / δεξιός

کیڼ/ښي

κοντινός / μακρινός

نږدې/لرې

καινούριος / μεταχειρισμένος

....

نوی/زوړ

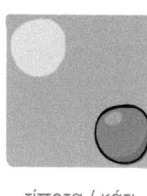

τίποτα / κάτι

....

هیڅ/یوڅه

γέρος | νέος

....

بډا/ځوان

αναμμένος / σβηστός

....

چالان/بند

ανοιχτός / κλειστός

....

خلاصد/تړلی

χαμηλόφωνος / μεγαλόφωνος

غلی/لوړ غږ

πλούσιος / φτωχός

....

بډایه/غریب

σωστός / λανθασμένος

....

صحید/غلط

τραχύς / λείος

....

زیږ/ملایم

λυπημένος / χαρούμενος

....

خفه/خوښ

κοντός / μακρύς

....

لنډ/اوږد

αργός / γρήγορος

....

سست/ګړندی

υγρός / στεγνός

....

لوند/وچ

ζεστός / δροσερός

....

ګرم/یخ

πόλεμος / ειρήνη

....

جګړه/سوله

αριθμοί

شمیرې

0

μηδέν

صفر

1

ένα

یو

2

δύο

دوه

3

τρία

دري

4

τέσσερα

څلور

5

πέντε

پنځه

6

έξι

شپږ

7

εφτά

اوه

8

οκτώ

اته

9

εννιά

نهه

10

δέκα

لس

11

έντεκα

یولس

12

δώδεκα

دولس

13

δεκατρία

دیارلس

14

δεκατέσσερα

څوارلس

15

δεκαπέντε

پنځلس

16

δεκαέξι

شپاړس

17

δεκαεφτά

وولس

18

δεκαοκτώ

اتلس

19

δεκαεννέα

نولس

20

είκοσι

شل

100

εκατό

سل

1.000

χίλια

زر

1.000.000

εκατομμύριο

میلیون

γλώσσες
ژبې

Αγγλικά

انګلسي

Αμερικάνικα Αγγλικά

امريکايې انګلسي

Μανδαρίνικα Κινέζικα

چینايي مندرين

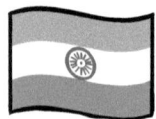

Χίντι

هندي

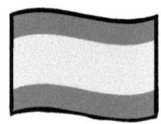

Ισπανικά

هسپانوي

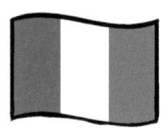

Γαλλικά

فرانسوي

Αραβικά

عربي

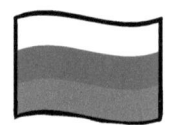

Ρώσικα

روسي

Πορτογαλικά

پرتګالي

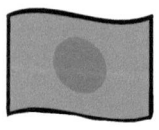

Μπενγκάλι

بنګالي

Γερμανικά

آلماني

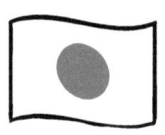

Ιαπωνικά

جاپاني

ποιος / τι / πως
څوک/څه/څنګه

εγώ
....
زه

εσύ
....
ته

αυτός / αυτή / αυτό
....
هغه/دغه/دا

εμείς
....
موږ

εσείς
....
تاسي

αυτοί / αυτές / αυτά
....
دوی/هغوی

ποιος / ποια / ποιο;
....
څوک؟

τι;
....
څه؟

πώς;
....
څنګه؟

πού;
....
چیري؟

πότε;
....
کله؟

όνομα
....
نوم

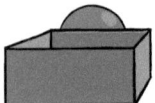

ποu

چيرې

πίσω

شاته

μέσα

په

μπροστά

په مخه کي

πάνω από

باندي

πάνω

په

κάτω

لاندي

δίπλα

برسيره پر

ανάμεσα

ترمينځ

μέρος

ځای